Je suis séropositive

Wendy Flanagan

Illustré par Marjorie Van Heerden

Etre Séropositif

Je suis séropositive.

Quand j'ai attrapé le VIH, je ne savais même pas ce que ça voulait dire, un virus. Une infirmière m'a renseignée sur le VIH et le Sida. Ce serait une bonne chose, pour toi aussi, d'en savoir davantage.

Globule blanc   Globule rouge

Je vais d'abord te parler du sang. Le sang est composé de globules rouges et de globules blancs.

Les globules blancs jouent un rôle très particulier. Ils doivent combattre les virus qui nous rendent malades. Si nous avons beaucoup de globules blancs, nous sommes mieux protégés contre les maladies.

Le VIH infecte les globules blancs et les tue.

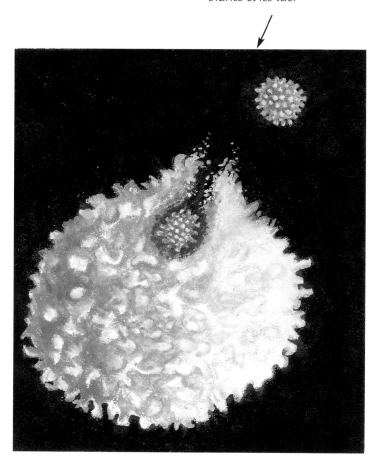

Qu'est-ce qu'un virus? Un virus est une toute petite créature vivante (un organisme). Il y a toutes sortes de virus. Mais le VIH est l'un des plus dangereux. Lorsque ce virus s'installe dans notre sang, il pénètre dans les globules blancs et les empêche de combattre la maladie.

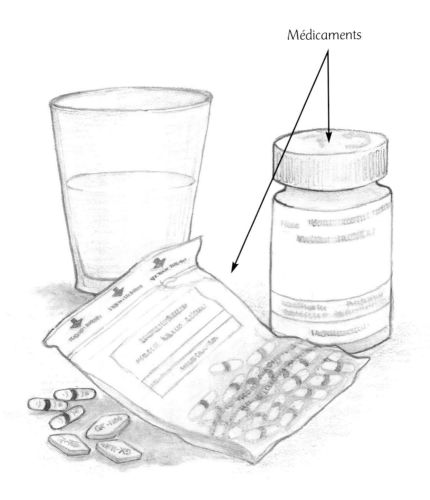

Médicaments

On appelle séropositifs les gens qui ont le VIH dans le sang, comme moi. Il existe des médicaments spéciaux que je peux prendre pour fortifier mon système immunitaire. Mais je ne peux pas guérir de cette maladie car jusqu'à présent, il n'existe nulle part au monde un médicament capable de détruire ce virus.

5

L'apparence et les sentiments

Comment je me sens ?

La plupart du temps, je me porte bien et j'ai bonne mine. Mais parce que je suis séropositive, c'est vrai que je tombe malade plus souvent que les autres enfants. Je me fatigue plus vite. Souvent, j'ai de la fièvre. Parfois mon corps est couvert d'une éruption semblable à la rougeole ; parfois je tousse, j'ai mal à la gorge et je n'arrive pas à guérir. Il y a des jours où je ne me sens pas bien, tout simplement.

A la clinique, je vois des gens qui sont de plus en plus affaiblis parce qu'il ne leur reste plus assez de globules blancs pour combattre la maladie. Quand les séropositifs deviennent très, très malades, on dit qu'ils ont le Sida. Jusqu'à présent, il n'y a pas de remède capable de guérir le Sida.

7

Comment le VIH se propage

Si le VIH s'installe dans ton sang, tu finiras par développer le Sida.

1. Tu peux être contaminée par le VIH si tu as des relations sexuelles avec quelqu'un qui est séropositif.

2. Si le sang d'une personne séropositive se mêle à ton sang à travers une blessure ou une plaie ouverte, il peut te transmettre le virus.

3. Quand une femme séropositive donne naissance, parfois elle contamine le bébé.

Alors, fais très attention à ne pas toucher le sang des autres car il pourrait être infecté.

Organes génitaux

Les préservatifs empêchent le VIH de passer d'une personne à l'autre. Lorsqu'une fille a des relations sexuelles, elle doit se protéger pour que le sperme n'entre pas en contact avec ses organes génitaux. Les préservatifs protègent aussi le garçon s'il a des relations avec une fille séropositive. Voilà pourquoi les préservatifs sont tellement importants.

Comment j'ai été contaminée

C'est pénible pour moi de raconter comment j'ai été infectée par le virus. C'était un homme de mon village. Il était plus fort que moi. Il m'a violée. Il était séropositif, donc, maintenant, moi aussi, je suis séropositive.

Comment peux-tu te protéger ?

Essaie de ne pas te mettre en danger. Protège-toi le plus possible.

Il n'est pas toujours possible de te défendre contre une personne plus forte ou plus âgée qui te force à l'acte sexuel.

Evite d'avoir des relations sexuelles le plus longtemps possible.

Ne te laisse pas persuader d'avoir des relations sexuelles si tu n'es pas prête.

Sois sûre que c'est vraiment ton choix.

Si tu te sens mal à l'aise avec un homme ou un garçon plus âgé, ne reste pas seule avec lui dans une maison ou un endroit isolé.

Dis NON à tout homme ou garçon qui voudrait toucher tes organes génitaux.

Fait attention lorsque tu es près de quelqu'un qui saigne. Ne laisse pas son sang entrer en contact avec tes plaies ou tes blessures ouvertes.

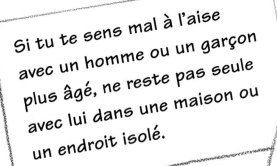

Si quelque chose t'inquiète, parles-en avec une personne à qui tu peux faire confiance.

11

Quand tu es près de moi

Tu n'attraperas pas le Sida en partageant l'eau de mon bain ou en utilisant les mêmes toilettes que moi.

Tu ne contracteras pas le Sida en me serrant dans tes bras.

Je sais qu'il y a des gens qui ont peur d'être près de moi. C'est qu'ils ne sont pas bien renseignés sur le VIH. Ces images te montrent les situations où tu ne cours aucun risque, aucun danger.

Tu n'attraperas pas le Sida en partageant ma nourriture.

Tu n'attraperas pas le Sida en utilisant les mêmes assiettes, couteaux, tasses ou cuillères que moi.

Tu peux attraper le virus seulement par le contact avec le sperme et le sang séropositifs.

Comment je me soigne

Chaque mois, je vais à la clinique près de chez moi pour chercher des médicaments qui aident à contrôler le VIH. Tous les malades n'ont pas la chance de recevoir ces médicaments.

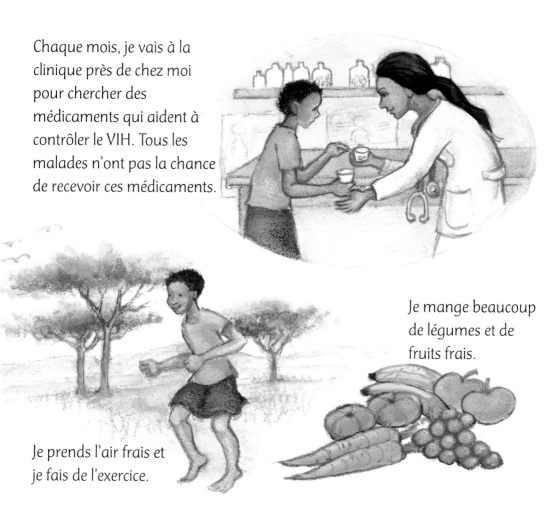

Je mange beaucoup de légumes et de fruits frais.

Je prends l'air frais et je fais de l'exercice.

Séropositive, je dois prendre soin de moi. Je dois faire attention parce que le VIH est en train de tuer mes globules blancs. Il faut que je m'occupe de ma santé en restant propre et sans microbes. Ainsi, je m'assure que mon système immunitaire reste fort.

Je me lave les mains au savon après être allée aux toilettes, et avant de manger.

J'essaie d'éviter ceux qui ont un rhume, la grippe et la tuberculose parce que ces maladies s'attrapent facilement quand le système immunitaire ne fonctionne pas bien.

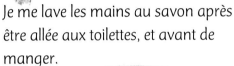

Je parle avec mes amis et ma famille de ce que je ressens.

Je passe du temps avec des personnes qui m'aiment.

Discutons-en

1. Est-ce une bonne chose de SAVOIR ce que sont le VIH et le Sida?

2. Pourquoi est-il important de PARLER du VIH et du Sida?

3. Comment les malades et ceux qui ne le sont pas peuvent-ils mieux se comprendre?

4. Comment peut-on essayer d'arrêter la propagation du virus?

5. Y a-t-il quelque chose que tu n'as pas compris?
   Un(e) amie, l'enseignant(e) ou ta famille peuvent t'aider.